소년과 뱀과 소녀를

권순자 시집

시인동네 시인선 159　　　　　　　　권순자 시집

소년과 뱀과 소녀를

시인동네

시인의 말

사랑의 순간은 짧고
기억은 영원하네

나를 사랑한 사람들이 있었기에
삶이 풍요로웠고
내가 사랑한 사람들이 있었기에
삶이 아름다웠네

발밑의 이름 모를 풀마저
존귀함을 알려주었고
둥지의 새는
공간이 얼마나 소중한지 보여주었네

먼지 속에도 우주가 있다는 것을
사랑을 하면서 배웠네

2021년 8월
권순자

차례

시인의 말

제1부

떠돌이별 · 13

짱돌 · 14

거미집 · 16

망명 케이크 · 18

유목의 시대 · 20

이상한 귀 · 22

뿌리의 힘 · 24

에덴여인숙 · 26

애월 · 28

구름밥 · 30

천 개의 달 · 32

멸치 · 34

봄밤 한 접시 · 36

굴러가는 것들 · 38

제2부

소년과 뱀과 소녀를 · 41

얼음꽃 · 42

삐걱거림에 대하여 · 44

애인이 기다리는 저녁 · 46

버드나무 잔가지 · 47

원심력 분석 · 48

구두 · 50

가자미 후생 · 52

장미가 말라갈 때 · 54

목련 편지 · 56

겨울의 끝 · 57

통조림 속의 잠 · 58

고양이 축배 · 60

백련 · 62

제3부

누군가 오는 소리 · 65

잠실(蠶室) · 66

피아노 아버지 · 68

풍경의 자세 · 70

골목의 기억 · 72

야밤의 시인 · 74

아이스크림 먹는 여자 · 76

당신과 머물던 섬에도 비 내리고 있을까요 · 77

고양이 눈을 비추는 눈물 · 78

지금 봄 지금 · 80

소리의 통증 · 82

꽃처럼 돌이 무늬 질 때 · 84

거품의 집 · 86

곰장어 · 88

제4부

마법의 여름 · 91

당신이 떠난 계절 · 92

구길리 · 93

행성 추리탐색기 · 94

복사꽃 마을 · 96

나의 연애는 짧았습니다 · 98

폭설 · 99

구름 애인 · 100

쥐들의 저녁 · 102

달빛 사과밭 · 103

빈집 · 104

모란시장 칼국숫집에서 · 106

별리 · 108

해설 기억의 서사와 시 · 109
　　　이동재(시인)

제1부

떠돌이별

나는 너를 떠도는 별
한 세계가 어둠 속에 기어드는 시간
너는 나의 축
태양을 향해 서성댄다

바람에 눅눅해진 가슴과 눈빛이
허름한 벽을 타고
말라비틀어진 입술이 타고
붉은 노래를 타고

흐른다
평평한 허공

저녁 창가에 걸린 노을 한 마디

짱돌

물가에서 짱돌을 찾아
수십 번 수백 번 물속으로 서러움과
울분의 날개를 날려 보냈다

짱돌은 거칠게 물 위를 날아오르다가
첨벙첨벙
물속으로 제 몸무게를 이기지 못해
아리고 덜 자란 몸을 쑤셔 박고 말았다

물수제비로 수면을 네댓 번
가볍게 제 몸을 날려 물결 잔등을 튕기어
새도 아닌 것이
새라도 되고 싶어서
돌은, 날개를 펴고 날아갔다

물결도
돌이 뜨겁게 날고 싶어 한다는 것을 안다는 듯
손바닥으로 받쳐주고

제 품을 열어 멀리 흘러가 주었다

낮게 날던 제비마저
돌을 물고 비상이라도 해주고 싶었을까

물결을 뜨겁게 끌어안고
돌은, 자글거리며 흘렀다

거미집

빨랫줄에 한 줄 걸었다
수직으로 세 낸 허공 한 자리
집 한 채를 향한 오기

나는 날개가 없다
허공으로 거꾸로 뻗어가는 나의 미래

미래를 가져오기 위해
온몸을 쥐어짠 진액으로 짓는 집은 끈끈하다
오늘 하루를 살기 위해
피가 거꾸로 서는 노동에 익숙해져야 한다

화려한 날개를 팔랑이는 무리들
한없이 가벼워 겁 없이 몸을 날리는 벌레들

바람의 유혹이 부드럽다
진득한 욕망이 바람을 타고 흔들린다
부드러운 그물에 날개를 얹는 눈먼 발들

죽음을 움켜쥐고 놓을 줄 모른다

날카로운 독침도 욕망을 베어내지 못한다
여기는 블랙홀,
날개조차 너를 구조해주는 못하는
지옥의 문

허방으로 이끄는 투명한 공중의 늪
목숨을 걸어 목숨을 거두는
질기고 미련한 바퀴

망명 케이크

빈틈을 사랑하지 빈틈으로 눈물이 오고
빈틈으로 거짓말이 기어나가고
빈틈으로 어지러운 사랑이 숨어들어왔다

절벽 사이로 오래전 동굴의 바람이 새어나오고
삐걱거리는 갈비뼈 사이에 잊어버린 기억이 스며나왔다

혼미한 소리들이 거꾸로 자랐다
삐걱거리는 틈으로 시간이 흘렀다

음성을 찾아 날개를 퍼덕거리는 어둠이
빠른 속도로 달렸다 물결을 헤치고
지옥을 건너 붉은 바다를 찢는 일이 쉽지 않았다
달콤한 음성이 물결을 흔들었다

낯선 행성에 초대받은 검은 눈이
떠나온 붉은 호수를 못 잊어 밤마다 검은 바다를 떠돌았다

깊은 잠을 다시 소환하려면 귀찮은 질문에 답해야 한다
호수를 찢은 이유에 대해 침묵하고 싶다면
관자놀이에 떠도는 달콤한 이름을 잊어야 한다

너의 살과 뼈는 틈이 벌어지고
망명에 따른 프로그램 작동에 이미 시작 버튼이 눌러졌다
한 개의 촛불이 케이크 위에서
거대한 사인을 보냈다

접선 완료!

유목의 시대

나는 날마다 가출하고 날마다 귀가했다
갈 곳이 없었으므로 귀가했다
돌아가지 않으면 애인들이 나를 찾아 골목과 산길과 덤불 속을 휘저으며 다닐 것이므로

사랑이 넘쳐나서 집착이 질겨서 넌덜머리가 났다
날마다 몸부림치듯 가출이 이어졌다 머리에 뿔 달린 짐승처럼 제 성질을 못 이겨 담벼락을 들이받고 나무둥치에 달려들었다

싫증과 질색을 껌처럼 씹고 다녔다
자신을 몰고 동구 밖까지 갔다가 풀이 죽어 되돌아왔다 뒷산 소나무 아래 앉아서 아득해지는 길을 하염없이 바라보았다 그 길을 무슨 밧줄인 양 잡고 나아갈 궁리도 했다

황금빛 넘실거리는 들판 끝이 궁금했다
아무래도 저 멀리 나아가 봐야겠어
가을 아침이면 밤톨 줍던 산자락이 그리울 거야

굴참나무야 너도 잘 지내라
다람쥐 잘 먹이고 새들 똥도 잘 치워줘

길이 나를 불렀고 나를 유혹했다
산을 떠나고 들을 떠났다
길 밖에서 전해진 편지들, 길을 이어준 이야기들

멈추지 않는 길 위에서 또 다른 길을 이어갔다

이상한 귀

나의 귀는 당신에게만 열려 있네
당신의 미세한 음성까지도 듣는 귀라네

뜨거운 여름의 입김도 스쳐 지나가는 귀
솟구치는 새소리를 놓칠지언정
바람 소리보다 여린 당신의 음성은
귀를 타고 실핏줄을 타고 심장에 닿아
나를 환하게 물들이네

나의 귀는 당신 음성만 들을 수 있네
무심한 바람이 광장으로 달려갈 때
새들이 울음을 상실할 때
누군가 잃어버린 언어가 노을에 흩어져가고
누군가의 눈을 가렸던 태양이 저물어갔네

오래된 청력은 별빛보다 가늘어지고
흐느끼지만 집요하게
당신을 향해서만 반응하는 프리즘이었네

현란하게 발산되어
울컥, 내 속살에 닿는 당신의 음성,

일시에 폭죽처럼 터지는
수천 송이 꽃들의 탱천(撑天)

뿌리의 힘

나의 뼈는 바닥으로만 뻗어가
애인에게 닿을 수 없어
하늘에 닿을 수 없어

뼈마디마다 녹아드는 열망
파고드는 향기
수많은 색깔을 상상하고 모아
허기를 채우네

겨우내 메마르고 비틀린 손발을 흔들어 깨우네
잃은 사랑에 흐느끼던 어깨를 멈추네

먼지투성이 어둠 속을 더듬거리며
사나운 추위의 시간을 건너 별을 들어 올리네
꿈을 들어 올리네
어제의 빛나는 눈물들이 허공을 뚫고
휘청거리던 어제를 펼치네

부르튼 발들이 허공에 박혀 한들거리네
거친 침묵이 펼쳐지네
침묵의 향기는 달고 강하여 멀리 멀리 달리네

또 다른 뿌리를 낳기 위하여
날개를 준비하는 뿌리의 힘

날아라 뿌리의 소망이여
화사한 나의 뿌리여!

에덴여인숙

연꽃이 춤추는 방에는
쥐들이 몰래 들락거렸어
촛불이 자주 켜졌고 흐느끼기도 했어
남자는 잃어버린 갈빗대 하나를 찾아
에덴여인숙에 들렀어

슬픔이 바람을 타고 흙에 스며들었어
파도처럼 울렁거리는 여인숙에는
단풍나무가 자주 드리웠고
붉은 기억의 무늬가 벽지에 꽃으로 피곤 했어
출렁거리는 건 파도뿐만 아니었어
여인숙 담벼락을 들락거리는 고양이의 울음도
가늘게 출렁거렸어

남자는 갈빗대가 휘발성인 줄 미처 깨닫지 못하고
아픔을 배양하고 슬픔을 자식처럼 낳곤 했어
슬픔은 벽화 속에 여자를 낳았고
여자는 물방울로 자맥질하다가

맨발로 떠나갔어

그 집은 뭉게구름의 집이었어
노래들은 알을 낳았고
달콤한 노래가 홑이불에 젖어
모래를 닮아가는 바람의 집이었어

애월

수천 개의 발들이 다녀갔다

발길이 하도 가벼워서
발자국도 가볍게 누웠다

고독한 바람이 가끔 발자국을 그 위에 남겼다

사유하는 발이 가끔은
나뭇가지에 앉았다 가기도 했다

심장들이 나무에 걸려
가볍고 여린 제 발목을 하나씩 보여주었다

멀고 먼 사막에서 건너온 바람이
굴절되지 않은 처음의 음성으로 웃었다

차가운 눈꺼풀 들어 삼킨 울음처럼
이탈의 한 시절이 법문처럼 맑았다

달빛 나풀거리는 무덤 위를 달렸다
바람은 언제나 맨발이었다

입술이 부풀어 올랐다

바람 물고기 혼곤히 눕는 소리만
느리게 바다를 건너고 있었다

구름밥

내가 끓여내는 뭉게구름
구름이 익어 알알이 쏟아지면 헛헛한 강과 벌판이 중심을 잡고 일어선다
잡초를 밀어내고 흔적을 강둑 깊이 새긴다
허기의 자취가 흐릿해지고 낡은 기록은 새로운 기록으로 대체된다
사랑을 놓아버린 나무들 울다가 꿈을 꾼다

가지마다 구름방울들 한 송이씩 달고 영글어간다
하늘과 땅의 교차지점에 굵어가는 밥과 찬란이 한통속으로 자란다

당신의 발은 너무 작아 날개를 펴는 게 좋겠어
쓰러져 자는 발들아
매달린 심장을 붉게 물들이렴
밥이 폭우가 되면 젖은 입술들이 고함을 지를 거야
야비한 발은 비켜 걸어야지

텅 빈 웃음과 아름다운 저녁을 혼동하지 말아야지
노을을 왜가리와 혼동하면 내가 어찌 구름을 삶겠니
변덕을 밥처럼 자주 먹으면 배탈이 나는 법이야
물거품에 기절한 갈매기가 있거든

너도 자꾸 눈에 구름이 끼나봐
현관문을 열 때면 물안개 낀 눈동자를 자주 만나지
사물은 몸과 좀 떨어져 있어야 해
거리를 유지하고 전염되지 않도록 노력하렴

마른 눈빛에 안개가 필 때까지 묵묵히 기다려야 해
힘들어도 각자 당분간 따로 해가 뜨는 게 나아

천 개의 달

영원한 기록인 양
흉터를 소중한 문신으로 품은 달이 뜬 밤

먼 바람처럼 마취시키는
달빛이 차갑게 빛난다

은행나무는 더욱 노란 얼굴로 흔들리고
나는 너를 본다

갇혀 있던 말들이
거품을 게워내고

달콤한 노래는 저항을 앗아
황홀한 구름이 빙글빙글 떠올라

그때 푸른 벽을 뚫고 솟아나오는 수많은 너를 본다

먹먹한 울음 뿌옇게 내뱉으며

허공으로 미끄러져 가는

물 위의 너는
눈이 시리게 아름다운
천 개의 달

멸치

죽음이 허구 같아서
구름처럼 허공에 휘날리는 기억들이 있다

수평으로부터 짠물이 그리움처럼 몰려들었다
수천수만의 출렁거림이 한꺼번에 몰려들었다

슬픔의 아가리가 갸륵한 듯 문득 다물어졌다

지옥은 어디에 있나
고통이 희열과 어떻게 같아질 수 있나
깊고 깊은 바닥 폐 속으로 달려 들어가는
회오리

작고 빛나는 슬픔 덩어리들이
죽음의 안무를 끝마쳤다

날렵하게 장악하는 어둠의 거대한 아가리는
수많은 멸치가 대를 이어 건너가야 하는

대를 이어 껴안고 가야 하는
무거운 띠

무법에 취한 자를 뛰어넘어
꿈틀거리는 상승기류로 변해버린 불가사의한 꿈
멸치 떼의 구원에의 몸부림이
하얗게 빛났다

봄밤 한 접시

광어 한 마리 뜰채로 떠냈다
플라스틱 바구니에서 펄떡거리는 봄밤의 숨결

심연에서 떠오른 나는 누구인가
궁지로 몰린 목숨의 주인은 누구인가
죽을힘을 다해 철썩여 보지만
이미 여기는 내 세상이 아니구나
비린내를 풍기며 열망을 펼치지만
더 이상 내 몸을 지키지 못하는구나

이 한 접시의 축제가 끝나면
나의 꿈은 몸으로부터 빠져나와
붉어진 침묵 속으로 당당히 행진할 것인가
속박과 펼침으로 말랑해진 자유여
누가 꿈꾸는가
저녁의 출렁임 속으로 영혼도 분리되어
별빛에 흩어지는구나

쓰디쓴 공포에 떨면서 살과 뼈를 가르고
가늠할 수 없는 깊이로 생을 물들인다
상처가 갈망으로 더 심해지고 깊어진다
칼날에 번득이며 죽어가는 육체여
더 이상 알 필요가 없다
지느러미와 아가미는 파동을 타고
이미 희망의 강을 건넜으니

몸을 내어주고 위험한 암흑을 건너는 자여
가슴의 몽상을 흰 접시에 올리는 손이여
빛나는 얼굴에 팔딱대는 순수여

선명한 붉은 자아가 선잠 속을 자맥질하는
욕망의 어깨여!

굴러가는 것들

밤하늘을 마구 굴러가는 달
아스팔트를 마구 굴러가는 자동차
공장 속을 마구 굴러가는 쇠파이프
은행 속을 마구 굴러가는 지폐들
자본의 허리통을 물고
무자비하게 굴러가는 욕망들
입술에서 항문까지 마구 굴러가는 거짓말들
그대 눈에서 마구 굴러 나오는 눈물들
얼굴 위를 마구 굴러가는 슬픔들
혀 위를 굴러가는 어제의 약속들
혈관 속을 마구 굴러가는 나의 어머니
머릿속을 굴러가는 옛집 서까래들
지붕 위를 마구 굴러가는 호박들
허공을 마구 굴러가는 쓸데없는 잡념들

제2부

소년과 뱀과 소녀를

소년과 뱀과 소녀를 바라보았다

소년은 겁이 없었고
소녀는 겁이 많았다

햇볕에 탄 얼굴이 갈색으로 빛났다
뱀의 무늬가
머리카락을 물들였다

빛나는 머리털을 가진 소년과
무늬가 아름다운 뱀과
그 모든 것이 경이로운 소녀가 함께

더 까매진 눈동자를 품고
산길을 내려왔다

저녁연기가 뱀처럼 기어가고 있었다

얼음꽃

바람결에 맴돌다가
당신이라는 매끄러운 표면에
얼어붙은 나의 운명
하얗게 엉겨 꽃이 되었네

죽도록 붙어서 짧은 인연 애달파라
기다려줘
작은 알갱이로 잠깐만 빛날게

빛이 당신과 나 사이를 비집고 들어오네
야멸찬 빛
당신은 나를 주워 담을 수 없어서 우네
빛이 나를 데리고 가네

미끄러운 절벽을 견디는 비밀은
빛이 뒤돌아보는 순간
투명하게 생을 멈춘다는 것
당신은 햇살에서 나의 냄새를 맡는다는 것

아, 나는
녹지 않는 사랑이 되고 싶었네

삐걱거림에 대하여

삐걱거리는 소리는 내가
살아있다는 표시

거칠게 미묘하게 스며들어
파장 일으키던 소리

삐걱거림이 연결하는 세계는
끊어질 듯 닿는 바람의 한숨!
짧은 꽃향기를 태우는 숨결이야

그늘에 숨겨도 모습을 드러내고야 마는
삐걱거림의 속성
깨어있을 때 통증으로 빛나는
살아있음의 몸짓
살아남을 기억
사라지지 않을 간절함

오므라들었다가 펼치는 꽃잎 사이의 계절처럼

구겨졌다가 펴는 허리 사이의 슬픔처럼

사이에는 무수한 삐걱거림이 있다

삐걱거림이 나를 세우고
나를 키운다

애인이 기다리는 저녁

너의 꽃을 떠올린다

너의 머리카락이 드리워진 한쪽 뺨의 꽃그늘이 떠오른다
호위병처럼 질서정연하게 둘러싼 가구들

네게 가는 길이 저녁 햇살에 붉게 걸린다
가슴속에 네가 웃으며 걸린다

둥글게 몸 말고 앉아서
당신의 입술이 우리의 저녁을 알리고
이 세상 언어가 아닌 사랑의 속삭임을
벽에 기대어 듣는다

내 심장 속에서 사과를 꺼내는
너의 손은 섬세하다

나를 끌어당기는 너의 손이 붉다

버드나무 잔가지

내 마음의 잔가지
너의 뜰을 덮고

하얀 지붕 위 밝은 달빛
네 근심을 덮고

초록 창틀이
푸른 잠을 끌고 꿈을 이끄는 밤

부드럽게 뭉클하게 손을 내밀어
어둠을 당긴다

원심력 분석

달뜨는 밤이었을 거야
꿈의 발바닥이 수풀 우거진 자리에
걸음을 내딛는 밤이었을 거야
번개처럼 떨어진 별 하나
주문을 외우고 있었어

별은 날카로운 눈동자로 땅을 흔들었어
허공의 바람이 천 개의 몸으로 갈라졌어
모래알처럼 빛나는 수천 개의 눈동자!
흩뿌려지는 사방의 잎들이
찬란하게 빛났어

갈라진 길 사이로 강렬하게 끌어당기는
꽃술이 달빛시계를 돌리며 웃었어
깜깜한 하늘을 헤치고
더 깜깜한 숲에 뛰어내려
꽃을 피우는 힘!

꽃이 밤새 피어올린 꿈을
생이라 불렀어

구두

고통의 쓸모에 대해 생각한다
꿈틀거리는 맨발의 눈물을 기억한다

밑창은 닳아서 흙과 친하고
골목길 술 냄새는 시큼한 발바닥과 친하다

낡아서 반들반들한 웃음들
한때 개가 덥석 물어재낀 자리는
선명하게 제 흉터를 드러내고 찡그린다

고통의 쓸모에 대해 생각한다
찡그리는 흉터는 거짓말할 필요가 없다
저릿한 기억을 떠올리지 않아도
찢긴 자국은 보는 이의 어깨를 서늘하게 한다

고통은 살아서 움직이는 것이다
마음의 빗장을 열고 물처럼 스며드는 것이다
맑은 눈동자를 흐리게 하고

연둣빛 이파리를 키우는 것이다

짓무르다가 아물어 날카로워진 이빨이
단단한 눈빛을 드러내고 있다

가자미 후생

어머니 일생에 찬바람 불고
꽃들은 불편한 잠을 잤다

어머니의 푸른 연기는 새벽을 지났다
붉은 장미는 제 몸을 끌고 꽃잎 떨치며
붉은 무늬 지으며 서쪽으로 떠났다

사내의 입술이 가자미 붉은 살점으로 경련이 일었다
불가능한 어제의 축제가 식탁 위에서
흔들렸다 후들거렸다

솟아오르는 어머니의 시간
어머니는 부드럽고 간헐적으로 가자미가 가까워졌다
흐릿한 눈이 맑게 개였다

어머니는 곡선이었고
어머니는 달콤하였고
어머니는 쓰디쓴 가자미였다

두통처럼 허공에 헤엄치는 가자미였다

갈비뼈마다 가지런히
잃어버렸던 파도와 무지개를 쟁이고
바다보다 넓고 깊은 하늘에 붉게 헤엄치고 있었다

어머니는 가자미를 낳는 입술이었다

장미가 말라갈 때

누가 뱉어놓았나
붉으죽죽한 혀들 길바닥에 즐비하다

무수한 총알 날리며
소란들이 햇살에 부서질 때
검게 타들어간 가슴이 햇볕에 말라갈 때
상처가 눈동자처럼 번득일 때

맨살들
풀마저 말라 누렇게 잠들어가는
큰길가 경계
저녁노을이 펄럭거리며 노랗게 젖어간다

휘발된 약속은 이제 잊어버리자
균열의 공간들
시간 따라 흐르는 역한 냄새도 치워버리자

붉게 터진 몸 핏방울 날린 꽃잎들

찢긴 몸마다 손톱으로 붉디붉게 소나기를 그려대며
멍든 입술 널름거리는
유월 장미

목련 편지

허공에 머무는 달빛인가

그리움 자욱한 거리
당신의 손짓이 익어가는 달빛 아래
별빛 가득한 눈동자 어룽져요

바람은 당신을 떼어놓고 싶은 그림자
떠나려는 당신을 붙잡으려
두려움 견디는
나의 낭자한 손짓들 보이나요

봄밤 내내 불 밝혀 쓴
나의 편지들

이제 슬퍼 말아요
고운 꽃잎 편지는 내 맘속에
하얗게 영원히 피어 있어요

겨울의 끝
—죽천

  당신을 지우고 싶은 사람이 있습니다 기억하는 일이 아프고 슬퍼서 바다를 바라보지 않는 사람이 있습니다 당신은 우리 집 건넌방에 꽃처럼 날아들었습니다 당신은 물질을 하고 나는 콩밭을 맸습니다 바다가 격랑을 치고 밭고랑에 빗물이 넘칠 때 우리는 아궁이에서 고구마를 구워 먹었습니다 해삼과 전복과 멍게가 그물자루에서 당신처럼 숨을 거칠게 쉬었습니다 다정(多情)이 오래 물결처럼 출렁거렸습니다 휩쓸어가는 시간은 상상하지 못했습니다 그물자루가 먼저 돌아온 날 당신은 소식이 없었습니다 질척거리는 슬픔의 늪에 온몸이 빨려들어 갔습니다 당신의 파도가 저만치서 철썩거렸습니다 눈을 감아도 들렸습니다

통조림 속의 잠

물속에서 꼼짝없이 묶여
혼돈의 파도에 찬란한 시절이 잘려 던져진다

잘려 나간 눈동자
감기지 않는 눈으로
어둠의 살갗이 붉게 물드는 것을 본다
물 밖 몸뚱이 매단 허공은 칼바람 절벽

입술은 자줏빛으로 팽팽해져
언어를 잃어버렸다
꿈들이 휘어져 칸칸이 박힌다

시퍼런 꿈이 가늘고 여리게 쟁여진다
억지로 녹아버린 꿈이 잠든 통 속
지느러미 파닥거리는 환청이 가득하다

깊은 잠 속,

아름다운 날들이 무덤에서 심장을 꺼내고,
원을 그리며 아스팔트 위를 구른다
아스팔트 위 헤엄쳐가는 물고기 떼
햇살에 하얗게 빛나는 지느러미, 지느러미들.

고양이 축배

발톱이 지나간다
발톱이 지나간다

죄의 무게는 무겁고
흩어진 먼지 같은 믿음은 너무 가볍다
멈추지 않는 죽은 자들의 속삭임
행운의 축배를 들어도 지붕에는 달빛이 자주 사라졌다

미래의 별이 숨을 멈춘 밤
황홀한 꽃은 자신을 태워 불빛을 만들어
사방으로 뿌린다

발톱이 지나간다
발톱이 지나간다

목련이 꿈의 유성으로 쏟아지던 날
멍이 들어 반점을 꽃피웠다

강을 헤매던 단정한 신발들이
진흙 속에 꽃처럼 피었다

정리되지 않은 꿈들이 여전히 꿈틀거렸다
헐렁한 꿈이 붉은 태양의 뒤꿈치를 물고
거짓말처럼 탄생하는 사랑도 없이
희미한 여름의 맹세를 자주 상기시켰다

백련

너의 가슴에 닿지 못하여
진흙밭로 걷는다

보이지 않는 길에 넘실거리는 무심(無心)
무명의 길을 헤매는 빈틈투성이

깊이 침잠하여야
뿌리에 닿을 수 있지

핏방울이 스며야 습성이 찢기고
고요하고 쓸쓸하게
줄기를 세울 수 있지

진흙 위에 꼿꼿이 서는
치명적 오명(悟明)

슬픔이 빚은
환한 꿈 한 송이

제3부

누군가 오는 소리

봄이 어디쯤 걸어오는지
아슴아슴 버들개지
피어나는 소리

달빛에 귀를 열면
스륵스륵 잎사귀
손 내미는 소리

감실감실 봄볕
산수유 꽃눈 쓰다듬는 소리

가슴 깊은 곳에
가물가물 물결치는 소리

잠실(蠶室)

당신과 열두 살의 내가 누에를 쳤습니다

집 둘레 뽕나무 잎을 따다가
부지런히 먹이로 주었습니다 하얀 작은 몸집의 벌레들이 날마다 뽕잎을 먹으며 자랐습니다 어쩌다가 누에끼리 엉기면 떼어놓으려고 손으로 집어 자리를 옮겨주었습니다

손에 닿는 촉감은 미묘했습니다
가렵기도 하고 간지럽기도 했습니다 당신을 돕느라 시작한 일이 어느새 즐거운 일상이 되었습니다

어린 누에들이
잎을 먹으며 자라는 모습을 보면 신기하고 대견했습니다 누에들이 뽕잎 갉아먹는 소리에 한동안 귓속이 소란스러웠습니다 그 소리는 한여름 소나기처럼 깊은 울림을 주었습니다

저리도 연약한 생물에게 저리도 강한 식욕이 넘치다니! 수많은 뽕잎들이 고치를 만드는 일에 제 푸른빛을 바쳤습니다

나의 잠도
잠실에서 푸른빛으로 변해 갔습니다

누에들이
자신의 아름다운 집을 짓기 시작했습니다 변모를 위해 기꺼이 현재를 미래에 올려주었습니다

피아노 아버지

검은 피아노의 입은 무겁다
기도하는 입술 속 음표들이 궁금해

피아노가 집 한쪽에 자리한 지 몇 년이 흘렀다
아버지의 음은 새벽에 주로 울렸다

아득한 잠결에 검은 건반을 두드리는 손
오래 묵은 상처는 단조로 연주되었다
환상통에 시달리는 밤에는
낮고 거친 음이 방바닥을 훑으며 방 안을 거닐었다

  달빛이 문풍지를 잡아끄는 듯이 팽팽히 문고리를 당겼다
  갸르릉 고양이 울음소리가 낮은 포복으로 피아노 건반 사이로 옮겨 다녔다
  한밤에 연주되는 그 가냘픈 소리는
  뼈와 살을 깎는 소리였다

  독주(獨奏)에 몰입되어 귀들은 사방으로 자꾸만 열렸다

저마다 깊은 동굴로 스며드는 피아노 소리에
굴 속은 축축하고 음울했다

빛이 드나드는 대신에 바람이 드나들고
매캐한 연기가 구름처럼 피었다 지곤 했다
낡은 피아노가 더 낡아져서
기괴하고 슬픈 음을 가래처럼 토해냈다

아버지가 더 이상 연주할 수 없게 되자
피아노도 무거운 입을 다물었다

풍경의 자세

사바의 바다에 물고기 구도 중이다
눈을 감지도 않고
헤엄을 멈추지도 않는 물고기

물결이 일 때마다 더 빨리 헤엄친다
바다에서의 구도는 길고 긴 여행
참선의 의미를 알기보다
참선을 행할 뿐

몸이 부서지도록 물속을 다니며
흐느적거리기도 하고 태풍처럼 달리기도 한다
한 치 앞도 볼 수 없는 깜깜한 밤에도
구도를 멈추지 않는다

욕망의 물결에 지느러미를 다친대도
멈춰 서지 않는다 천천히 몸을 저으며 나아갈 뿐
껍질만 남은 자들의 위협을 침묵으로 넘기며
자세를 흩트리지 않는다

대웅전 처마 밑
바닷물고기 한 마리 울고 있다
허공을 두드려 울고 있다

골목의 기억

어지럽던 어제의 골목들이
하나 둘 사라져버리고

아무도 떠나간 골목의 설렘을 기억하지 못했다
어제의 골목은 심장을 하나씩 가지고
제 노래를 부르곤 했다

달빛 서성거리던 골목길
구름이 낮게 드리워 옷자락을 끌던
모퉁이 키 큰 감나무도
흔적 없이 제 모습을 감추어버렸다

골목이 키우던 개들도
푸성귀를 키우던 텃밭도
햇살을 낚시질하던 거미도
골목이 데리고 떠나버렸다

남아 있는 골목들은 고향의 흔적을 잃어버리고

허전함과 외로움으로
비대해지고 거칠어져 갔다

기억을 잃은 골목이
가로등 불빛을 타고 휘청휘청
메마르게 걸어간다

야밤의 시인

밤이면 달그림자 따라 돈다
어둠 속에 미끄러지지 않으려고
별빛이 번지는 길을 골라 사뿐거린다

갸르릉거리는 소리를 내지 말아줘
너는 날마다 모험을 하며 울고 있는 얼룩 같아

담을 넘듯 경계를 넘어
도달해야 하는 기쁨은 너무 높다

끝없이 밀려오는 지루한 상자들
도약과 탐색의 반복
땀범벅에 발목을 잡히지 않으려 안간힘이다
조용히 분투하는 너는
야밤의 시인

시월의 달밤을 잡아먹고
어둠의 파도가 머리칼을 흔들며 밤새 뒤척일 때

밤의 경계 넘어
날개 달린 짐승처럼 도약한다

돌을 던지든 꽃을 던지든
휘청거리는 다리를 추슬러 딛고
날렵하게 씩씩하게

아이스크림 먹는 여자

몸이 너무 더워서
아이스크림 먹는 여자

달콤한 크림으로 입술로 축이며
삶의 고달픔까지
실연의 늪까지 삼킨다

빨강 아이스크림 먹느라
얼굴이 더 빨개졌다

차가운 눈물마저
마르는 겨울날

야위고 슬픈 눈으로
아이스크림으로 몸을 식히는
여자의 표정이 녹는다

당신과 머물던 섬에도 비 내리고 있을까요

불면의 밤
비 내리는 사방이 촉촉이 젖어들고 있어요

당신과 머물던 섬에도 비 내리고 있을까요

당신의 음성이 물안개를 끌어올려
제 귀까지 홍건히 젖어가요

내게는 당신이 섬이죠

날마다 물결치며 다가가
해안선을 공유하지요

나는 당신을 맴돌며 출렁이는 물결이에요
곁에서 나른하게 쉬고 싶은
애틋한 기억이에요

고양이 눈을 비추는 눈물

전파들이 눈송이처럼 보이지 않게
너에게로 날아가 소멸되는 물같이
먼지같이.
소리 없이 젖어서 기억되는 꽃잎같이
허공을 감싸고 날아오른다

따가운 목소리에
어둠의 영혼이 불을 켠다

시멘트벽을 박차고 날아오른다
너를 얼버무리고 어루만지고 꺼내놓고
바람 같은 눈비가 네 얼굴에 무너져 내린다

시간이 마르면 너는 수많은 눈물을 달고
눈길을 떠나는 여행자

어둠의 개찰구를 빠져나가
눈 속으로 네 몸을 던져 넣을 것이다

가벼운 앞발이 허공을 찌르기도 전에
네 몸이 한 획 앞지를 것이다

눈을 삼키고 겨울을 삼키고 녹아들 것이다

지금 봄 지금

바람이 눈발을 쓸어내렸다

삶이 사소한 놀이던가
보이지 않는 얼음 아래
필사의 몸부림이 피비린내 풍긴다

봄이 어디쯤 왔을까
무중력의 시간이 손을 놓는다
물 끝으로 열리는 하늘
가시 끝에 매달린 숨결이 봄을 부르고
허공으로 날아오른다

죽음의 축제를 무사히 건넌 지느러미들
파닥거리는 소리 물결이 듣는다

생의 중간이란 산천어에게는 없다,
죽거나 살거나
생존의 방식은 간단하다

봄을 지급받고
팔딱거리는 아가미로 대양의 숨소리에 한숨 돌리는
산천어의 비늘만 반짝일 뿐

소리의 통증

여자의 소리가
전철역 승강장 천장을 찔러요
남자의 소리가
전철역 승강장 벽들을 윽박질러요

두 개의 소리들이
날 선 칼바람 일으키는 추운 아침
소리들은 무엇을 찾아 헤맬까요

간밤의 슬픔들이 가라앉지 못했을까요
어제의 소리들이 정처 없이 밤거리를 떠돌다가
아침 전철역까지 따라온 걸까요

상처받은 소리가 상처 주는 소리를 삼켜버리려고 해요
상처를 큰 입으로 삼켜버리려고 해요

간밤 두통이 너무 심했네요
어제의 숙취가 아직 살아있네요

살아보려고 아침부터 생생한 소리를 토했네요

더 크게 웃기 위하여
높은 소리로 낮은 소리로 소란을 잠재워요
이제 열차가 도착할 시간이에요

꽃처럼 돌이 무늬 질 때

바람의 육체는 쉽게 휘어지고 망가졌습니다
진한 향기는 굳센 고독의 염증이었습니다

은닉을 밥 먹듯 하는 낯선 얼굴이
독소를 손아귀에 그러쥐고 혀를 꿰매느라
숲속을 서걱거렸습니다

이파리의 표정은 잃어버린 밤을 삼키느라
반쯤 깨어지고 반쯤은 뭉개졌습니다

모독하지 말아요
돌들이 기운을 내어
바람의 정수리를 공격하는 통에
햇빛이 파도를 일으키며
발을 찢으며 달려나갔습니다

무릎이 닳도록 뛰어가는 꽃잎들이
돌처럼 흐물거리며

허공에다 성성한 육체를 박아버렸습니다
깨치기 위하여 깨어져 버렸습니다

거품의 집

제 속에는 거품이 살아요
기품 있게 손을 올리고 입을 예쁘게 가리고 웃는
아름다운 꽃도 살아요
부드러운 말과 서늘한 분노도
키우며 살아요

거품 속에는 질투의 공기가 잔뜩 들어 있어요
덩치를 키우려고 뱃속 가득 공기를 불어넣는
가엾은 개구리처럼 말이죠

귀가 얇아서 거품이 쉽사리 커지는 경우도 있죠
눈이 어두워서 분별이 안 되니 자꾸
헛바람이 차오르긴 하지만

아홉 개의 금을 받고도 기뻐할 줄 모르고
한 개 더 채우려고 눈이 빨개지도록
사방을 두리번거리죠

거품의 집이 비대해져서
제 몸이 거품 속으로 빠졌나 봐요
저 좀 꺼내주세요
거품을 깨뜨린다구요?
아, 저걸 유지하느라 제 생을 다 써버렸는데요

헛바람이 쏟아져 나가면 저는 쓰러지는 게 아닐까요
제가 녹아버려서 형체조차 사라지는 게 아닐까요

거기 누구 없어요?
거품이 너무 커져서 이제 사방이 보이지도 않아요
제가 거품을 떠날 수 있을까요

제가 먹는 거품이고
제가 사랑하는 거품인데
거품 없이 살아갈 수 있을까요

곰장어

너를 보내기 위해서 곰장어를 먹는다
내 안에서 꼼지락거리는 너를 보내려고
곰장어를 토막토막 잘라서 먹는다

꼼지락거리는 너를 보내려고

아니 나를 보내려고 곰장어를 먹는지도 모른다
네 속에서 꼼지락거리는 나를 잘라내려고
곰장어의 날랜 몸놀림을 전수받으려고

꾸물거리는 나를
날개 접고 구부정하게 어정거리는
나를 잘라내려고

곰장어를 먹는다
온갖 미련들이 몸속에서 꼬리를 친다

제4부

마법의 여름

사는 일이
매캐한 연기를 내뱉는 일과 같아서 작은 일에도 자주 기침이 일었습니다

배고픈 하지(夏至) 한 바퀴는
당신의 슬픔 두 바퀴로 어지러웠습니다

참 길기도 한 대낮
당신은 슬픔으로 밥을 지어 먹고 어지럼증으로 잠을 불러들였습니다

사는 일이
현기 나는 꿈길을 지나는 일인 줄,
도대체 적응되지 않는 여름 땡볕을 텅 빈 몸으로 건너는 일인 줄 미처 몰랐습니다

당신이 떠난 계절

등불을 켜면
슬픔도 따라 켜지네

꽃들이 지지도 않고
꽃잎이 말라 가네

당신이 함께 돌고 돌아
발자국 자욱한 길

술잔 가득 차오르는
뜨거운 그리움

구길리

　달빛이 창호 문에 발을 디뎠네 당신은 아직 돌아오지 않고 달빛이 먼저 와 달래주었네 달과 함께 당신을 기다렸네 십일월 바람이 마당의 감나무 잎 스륵스륵 쓸며 내 가슴도 쓸었네 환한 웃음이 달과 겹쳤네 사립문 열린 지 오래되었네 달빛과 기다림이 골목길에 길게 구부러져 하얗게 흘렀네

행성 추리탐색기

나는 밤마다 잠을 설쳤다

떠나온 지난 행성의 이름을 찾아보려고
낮에는 도서관을 뒤지고 과학실험실을 기웃거리고
학술세미나의 벤치에 앉아 귀 기울였다
밤이면 별을 세느라 목이 빠질 지경이었다

용하다는 점술가를 찾아
내가 어느 별에서 살다 왔는지 캐러 다녀보았지만
신통한 답을 듣지 못했다
점술가는 밤마다 몰래 하늘을 뒤지다가
천문학자에게 들키고 말았다

어떤 사람은
돌아갈 별의 이름을 기억해내려고
인도의 갠지스 강가에서 기도를 하고
티베트의 사원을 찾아가 묵상하기도 했다

눈치가 빠른 사람들은 생각도 가벼워져
일찌감치 자기 행성으로의 귀환을 포기했다
이 행성에 천년만년 살 궁리를 하느라
날마다 밤마다 뼈를 녹이고 살을 태웠다

이곳에 오래 머물 의지도 없고
행성을 찾을 기력을 잃은 사람들은
밤을 붉게 달구고 독한 술에 몸을 푹푹 적셨다
더러는 노래로 어둠을 채우느라 목이 다 쉬었다

행성은 오래전에 나를 떠났고
몸은 무거워 마음도 게을러져 버렸다
탐색하는 일이 점점 힘들어지고 까다로워져
행성을 찾을 일이 멀고도 아득해졌다

복사꽃 마을

복사꽃 흐드러진 마을에 갔네

분홍색 바람이 불면
분홍 꽃사태 야트막한 언덕을 휩쓸어갔네

올망졸망 마을이 휘돌아진
강 옆구리에 연기를 피웠네

낭랑한 노래가 굴뚝을 타고
연기 따라 흘렀네
바람결에 구수한 된장 냄새가 노래 따라 퍼졌네

저녁밥 먹은 아이들이
빈 쟁반을 머리 위로 올렸네
분홍빛 쟁반이 둥둥 떠올라
복사꽃 향기 사방으로 달빛 따라 흘렀네

아름다운 아이들이 영글어가고

꿈이 산기슭에서 도란도란 젖을 물렸네

복숭아의 바깥을 돌며
복숭아보다 발갛게 향기로워져 갔네

나의 연애는 짧았습니다

질곡을 겨우 빠져나와
눈을 뜨자
당신이라는 블랙홀이었습니다

낯선 소우주를 비행하듯
세계를 열었습니다

내가 건너가야 할
유일한 슬픔이었습니다

폭설

하루를 기다려 차를 탔네
가는 길이 더디고 눈길은 미끄러웠네

당신은 기침을 하고
오래된 눈으로 잔잔한 빛들을 흘렸네

당신이 아팠던 세상과
사랑하고 집착한 날들과
때로는 불화하고
때로는 정겨웠던 꿈과 일들이
하얗게 묻히는 시간이었네

당신의 기침이 허공에서 자꾸 부서졌네
당신의 기침에 내가 자꾸 부서졌네

폭설이 조용히 세상을 덮어도
우리의 기침은 멎을 줄 몰랐네

구름 애인

당신은 구름의 족속이야
진짜 얼굴은 숨어버린 변화무쌍의 입술과 눈빛
까칠한 계단을 수없이 오르내리며
불화하는 이름을 불러내는
사랑의 지독한 분열

나의 꿈이
당신의 꿈과 포근히 포개져본 적이 언제던가

잠깐의 즐거움이 햇살에 문득 반짝거렸나
충돌하는 사랑의 에너지 포개질 때마다
파괴의 바퀴를 돌리네

지옥의 빗줄기 휘몰아치는 구름의 내부
당신을 정독하려고 애쓸수록
사방이 튕겨내는 빗방울
경계에 자주 천둥이 치네

당신이 시간을 구워
허공으로 올리는 사이
울음이 가슴 밑으로 흘러가는 사이
소용돌이는 방랑의 그물을 엮네

구름의 발끝에 굴러가는
무게를 가지지 못한 나는
여전한 구름 애인

쥐들의 저녁

어두워져야 신이 났다

어린 나의 잠 따위는 안중에도 없다
터 잡은 곳이 제 세상이라는 듯
저들끼리 부르는 소리 타이르는 소리
한바탕 소란하다

서로 다른 세계인 듯
천장 종이 한 겹 두고
상관없이 살아가는데
그래, 너희들도 먹이 구하느라 헤어졌다가
밤이면 만나 사랑을 하는구나

같은 공간 나누어 차지하고
밤마다 식구들과 툭탁거리면서
아웅다웅도 한때라는 것을
저리도 살갑게 시끄럽게 소문내는구나

달빛 사과밭

스무 살에 부석에 갔네

사과나무에서 돋아난 하얀 별들이 나를 불러냈네

지친 몸으로 문을 나서면
달빛 흰 손이 어깨를 쓰다듬어
낯선 무릉도원으로
날개를 달고 날아갔네

소음마저 아늑해지는 시간이었네
하얀 동굴에 깔리는
재잘거리는 달빛과
사과꽃 향긋한 언어에 취해버렸네

스무 살 푸른 눈매가
무릉으로 인도한 날이었네

빈집

푸른 언덕을 넘어
그림자 어룽이는 덤불숲 헤치고
먹먹하고 쓸쓸한 오솔길
불면의 흙벽에 어깨를 건다

문들이 열망을 품고
세상을 향해 걸음을 내딛는다
낡고 빛바랜 벽을 타고
산그늘이 꿈틀댄다

달빛과 적막이 엎치락뒤치락
널브러진 마당
어린 눈빛이 첨벙거린다
허우적대는 발을 가만히 만지는
흙벽과 달빛의 손끝이
부드럽고 끈끈하다

잊지 못해 찾아온 기억의 땅

흙벽, 제 가슴 허물어 내려도
못 박힌 듯 그 자리 지켜
오롯이 서 있다

모란시장 칼국숫집에서

칼국수 냄새가 진동하는 시장 어귀
어머니가 걸어 나와 칼국수를 내민다
하도 투명하고 맑아서 어머니 그림자가 보이지 않는다
꿈속에서 머물던 어머니
너그럽고 상냥한 어머니의 목소리

국물 한 숟갈 뜨는 순간
어머니의 멸치 우린 맛이 혀끝에 감돈다
완벽한 맛이 떨린다

칼칼하게 목을 훑고 넘어가는
국수 가락에 목이 메다가
칼처럼 어머니의 시간을 베어가던 가난을 추억하다가

가슴을 출렁거리게 하는 국물에
매워서인지 뜨거워서인지 그리워서인지
눈물이 조금 났다

어머니 목소리인지 내 목소리인지 모를 소리가
나를 물고 사락사락 끌고 간다
모락모락 칼국숫집 뜨거운 열기에
풀리는 살갗이 붉게 번진다

별리

너는 떠났지만
아직도 내 곁에서 맴돈다

봄이 오면 너는 피고
내가 진다

해설

기억의 서사와 시

이동재(시인)

　어쩌다 시를 볼까 말까 한 일반인들이나 대부분이 국어 선생인 내 친구들에게서조차 요즘 시는 어려워서 못 읽겠다는 말을 들을 때마다 시를 쓰고 있는 나로선 매번 곤혹스럽다. 쉽게 쓴다고 쓴 내 시조차 무슨 말인지 모르겠다는 말을 듣고 보면 난감하다. 내 시를 난해하다고 느끼는 문제는 내 시의 특징이나 문제점을 두고 스스로 생각해봐야 하는 문제지만, 일반적으로 요즘 시들이 어려워서 못 읽겠다는 문제는 나름대로 일반적인 문제여서 그 원인을 생각해보지 않을 수 없다. 하지만 난해의 느낌 정도가 사람마다 다를 것이고, 시인마다 작품이나 문학관이 다 다를 것임으로 이 문제를 함부로 말할 것도 아니다. 따라서 시라는 장르의 기본적인 특징을 되짚어봄으로써 일단 변명을 대신할 수밖에 없다.

시는 기본적으로 불친절한 장르다. 서정적 장르의 개념을 '작품 외적 세계의 개입이 없는 세계의 자아화'라고 했을 때 이미 그 속에 시란 장르의 소통의 어려움이 내재돼 있음을 알 수 있다. '세계의 자아화'란 결국 세상을 화자의 시각으로 재구성한다는 걸 의미한다. 좀 더 노골적으로 말하자면 세상을 자기 마음대로 규정하고 표현한다는 의미이다. 시의 내용이 지극히 주관적인 생각이나 감정일 수 있음을 말한다. 그러니 평소 개인적 친분 관계도 없고 시인에 대한 사전 정보도 없는 상황에서 짧은 시를 통해 시인이 말하고자 하는 생각과 느낌을 순간적으로 이해한다는 건 쉬운 일이 아니다. 독자로서의 감정이입도 쉽지 않다. 더군다나 가장 짧은 장르인 시의 특성상 독자로선 시의 내용이 전후 맥락도 없고, 친절한 상황 설명도 부족하다고 느낄 가능성이 크다. 시인이 순간적으로 포착한 대상에 대한 느낌과 생각을 표현해놓은 문장들이 독자에겐 한없이 생뚱맞게 느껴질 수 있다. (간혹 그게 매력일 수도 있다.) 물론 시에도 기승전결이 있고 나름의 플롯과 문법이 있겠지만 일반 독자들에게 그 모든 걸 이해해 달라고 할 수는 없는 노릇이다. 일단 봐서 모르겠으면 그냥 모르는 거다. 많은 경우 작품의 배경과 화자의 상황 혹은 소재나 주제를 작품의 제목을 통해 유추하거나 판단할 수밖에 없다. 하지만 그것도 제목과 작품의 내용이 잘 부합된 경우가 아니면 어렵다. 그래서 그렇다. 시를 쓰고 있는 나에게도 남의 시를 읽는 일은 기대감이

나 즐거움과 함께 항상 곤혹스러움이 동반된다.

 권순자 시집 『소년과 뱀과 소녀를』 읽으며 느끼게 되는 곤혹스러움 또한 마찬가지다. 그 곤혹스러움 속엔 권순자의 시를 다른 시인의 시와 변별되게 하는 존재 이유와 부정의 이유가 공존하고 있을 수 있다. 하지만 그 곤혹스러움의 정체를 성급히 모두 언어화할 수 있는 것도 아니어서 일단은 해석되지 않는 신비로 간직하고 있을 수밖에 없다.

 내가 권순자의 이 시집을 읽으며 주목한 것은 기억의 서사다. 이 시집에 실린 상당수의 시에서 시인은 과거의 장면을 소환한다. 어린 시절부터 현재의 어느 시점까지, 시인의 고향일지도 모를 바닷가나 산골 혹은 어느 시골을 배경으로, 소년과 어머니와 애인에 대한 기억이 시 속에 출몰한다. 그 소년이 자라서 성인 남자가 되고 애인이 된 것인지 그 연속성을 확인할 수는 없다. 하지만 이 시집 속에 어느 정도의 일관된 기억의 흐름이 존재하고 있는 것도 사실이다.

  물가에서 짱돌을 찾아
  수십 번 수백 번 물속으로 서러움과
  울분의 날개를 날려 보냈다

  짱돌은 거칠게 물 위를 날아오르다가
  첨벙첨벙

물속으로 제 몸무게를 이기지 못해

아리고 덜 자란 몸을 쑤셔 박고 말았다

물수제비로 수면을 네댓 번

가볍게 제 몸을 날려 물결 잔등을 튕기어

새도 아닌 것이

새라도 되고 싶어서

돌은, 날개를 펴고 날아갔다

—「짱돌」 부분

  물가의 물수제비 장면이 왠지 황순원의 소설 「소나기」를 연상하게 만드는 이 시는 "새도 아닌 것이/새라도 되고 싶어서" 발버둥 치고, "날마다 가출하고 날마다 귀가"(「유목의 시대」)하며, 망명을 꿈꾸던 어린 시절의 편린을 보여주고 있다. "물결을 뜨겁게 끌어안고/돌은, 자글거리며 흘렀다"라는 구절로 끝나는 이 「짱돌」은 젊은 날의 알 수 없는 서러움과 분노와 갈망의 이미지를 그리고 있다. 뜨거운 가슴은 있으나 미지의 미래에 대한 불안과 공포로 항상 종종걸음을 칠 수밖에 없는 것이 젊은 날이나 그 불안의 정체는 오리무중인 것이 특징이다. 혹시 그 열망이나 불안이 이성을 향한 육체적 욕망의 흔적은 아닌가 생각해보게도 된다.

나의 뼈는 바닥으로만 뻗어가

애인에게 닿을 수 없어

하늘에 닿을 수 없어

뼈마디마다 녹아드는 열망

파고드는 향기

수많은 색깔을 상상하고 모아

허기를 채우네

—「뿌리의 힘」 부분

굳이 프로이트가 아니더라도 인간의 욕망의 뿌리를 찾아가다 보면 성적 욕망에 가닿는 경우가 많아서 이 시집의 곳곳에서도 그런 흔적을 쉽게 발견할 수 있다. "연꽃이 춤추는 방에는/쥐들이 몰래 들락거렸어/촛불이 자주 커졌고 흐느끼기도 했어/남자는 잃어버린 갈빗대 하나를 찾아/에덴여인숙에 들렀어"(「에덴여인숙」)라고 읊조리고 있는 이 시에도 "여인숙 담벼락을 들락거리는 고양이의 울음도/가늘게 출렁거렸어"라는 에로틱한 표현만큼 성적인 환상과 욕망이 묻어나고 있다. 그렇게 보면 "수천 개의 발들이 다녀갔다"(「애월」)는 시 구절도 단순한 바닷가 마을을 지나는 발길로만 보이지 않는다. 그러다 보면 이 모든 것들이 그저 "허공을 마구 굴러가는 쓸데없는 잡념들"(「굴러가는 것들」)로 보이기도 한다. 그러다가 「소년과 뱀과 소녀를」보게 되면 다시 생각이 뒤얽힌다.

    소년과 뱀과 소녀를 바라보았다

    소년은 겁이 없었고
    소녀는 겁이 많았다

    햇볕에 탄 얼굴이 갈색으로 빛났다
    뱀의 무늬가
    머리카락을 물들였다

    빛나는 머리털을 가진 소년과
    무늬가 아름다운 뱀과
    그 모든 것이 경이로운 소녀가 함께

    더 까매진 눈동자를 품고
    산길을 내려왔다

    저녁연기가 뱀처럼 기어가고 있었다
                     —「소년과 뱀과 소녀를」전문

어쩔 수 없이 "바눌에 꼬여 두를까부다. 꽃다님보다 아름다운 빛…//크레오파투라의 피먹은양 붉게 타오르는 고흔 입설이다…슴여라!//우리순네는 스믈난 색시, 고양이같이 고흔 입설…슴여라! 배암."이라고 울부짖는 듯한 미당의 「화사」를 떠오르게 하는 이 시는 '소년'과 '소녀' 사이에 낀 '뱀'에 시선이 꽂히게 만든다. 하지만 미당의 「화사」에 나오는 뱀이 저돌적으로 돌진하는 젊은이의 성적 상징이라면 「소년과 뱀과 소녀를」의 뱀은 어쩐지 점잖은 뱀이다. 이러한 차이는 기본적으로 시인의 성향 차이에서 비롯된 것일 수 있으나 미당의 시가 시인의 젊은 날의 시이고, 권순자의 시가 인생의 후반기에 접어들어서 과거의 기억을 재구성한 시라는 점에서 비롯된 차이일 수도 있다. 이러한 차이는 미당의 시가 좌고우면할 여유가 없는 1인칭 화자의 시점임에 비해 권순자의 시는 3인칭 화자의 시점을 취하고 있다는 점에서도 나타난다. 다소 어색하기조차 한 "소년과 뱀과 소녀를 바라보았다"의 화자는 일반적으로 작품 외적 자아의 개입이 없는 서정적 장르의 화자가 아니다. 1인칭 화자가 대부분인 시적 화자와는 거리가 먼 서사적 장르의 화법에 가까운 이 구절은 그렇기 때문에 읽기에 따라선 어색할 수도 있다. 미당의 뱀이 여자에게 마구 달려드는 뱀이라면 권순자의 뱀은 소년과 소녀를 아름답고 경이롭게 연결하는 점잖은 뱀이다. 미당의 시에서 벌어졌을 법한 일이 없이 "더 까매진 눈동자를 품고" 산길을 내려오는, 그러면서 저녁연기처럼 서로에게 스며드는 안정된 이미지를 주지만, 그래서 어찐지 싱거운 느낌을 주기도 한다.

미당의 시를 연상시키는 시는 「소년과 뱀과 소녀를」만이 아니어서 「골목의 기억」 또한 미당의 「日曜日이 오거던」을 떠올리게 한다.

> 어지럽던 어제의 골목들이
> 하나 둘 사라져버리고
>
> 아무도 떠나간 골목의 설렘을 기억하지 못했다
> 어제의 골목은 심장을 하나씩 가지고
> 제 노래를 부르곤 했다
>
> 달빛 서성거리던 골목길
> 구름이 낮게 드리워 옷자락을 끌던
> 모퉁이 키 큰 감나무도
> 흔적 없이 제 모습을 감추어버렸다
>
> 골목이 키우던 개들도
> 푸성귀를 키우던 텃밭도
> 햇살을 낚시질하던 거미도
> 골목이 데리고 떠나버렸다
>
> ―「골목의 기억」 부분

미당의 「일요일이 오거던」이란 시는 그의 시집 『동천』에 실려 있는 시이니 창작 순서로 보면 권순자의 「골목의 기억」보다 훨씬 앞서 쓴 작품이다. 하지만 권순자의 「골목의 기억」을 먼저 읽고 나서 미당의 「일요일이 오거던」을 읽으면 딱 좋겠다는 생각을 하게 된다. 권순자의 잃어버린 골목들, 그리고 잃어버린 그 골목의 추억들을 미당의 시를 통해서 찾아가는 과정으로 자연스럽게 연결될 수 있기 때문이다. 미당이 권순자 시인에게 "일요일이 오거던/친구여/인제는 우리 눈 아조 다 깨어서/찾다가 놓아둔/우리 아직 못 찾은/마지막 골목길을 찾아가 가 볼까?"(「일요일이 오거던」)라고 말을 건네고 있는 듯하다.

시인은 계속해서 어지러운 골목의 수만큼 과거의 기억들을 소환하고 있다. 그 기억 속에는 '당신과 머물던 섬'도 있고, '너를 보내기 위해서 곰장어를 먹는' 나도 있고, '마법의 여름'도 있으며, '밤마다 잠을 설쳐대며' '달과 함께 당신을 기다리는' 나도 있다. 또한 '복사꽃 흐드러진 마을'이 있으며, '블랙홀 같은 당신'과 폭설이 내리는 기차역이 있고, 스무 살의 부석사가 있으며, "칼처럼 어머니의 시간을 베어가던 가난"이 있다. 그리고 마침내 "잊지 못해 찾아온 기억의 땅/흙벽, 제 가슴 허물어 내려도/못 박힌 듯 그 자리 지켜/오롯이 서 있다"(「빈집」).

시간상 뒤죽박죽 얽혀 있는 권순자 시집의 시 속에서 일관된 기억의 흐름을 찾기는 쉽지 않은 일인지도 모른다. 어쩌면 그런 건 필요치 않은 일인지도 모르겠다. 시가 서사를 욕망할 때 과거는 자주 소환된다. 그렇다면 권순자 시에 나타나는 수많은 과거의 소환은 무엇을 의미하나? 단순히 늙어가는 자의 푸념인가, 아니면 자신의 정체성을 확인하고자 하는 시인의 욕망의 발로인가? 어쩌면 시인은 짧은 시로선 만족할 수 없는 서사적 욕망을 만지작거리고 있는지도 모른다. 문제는 안정화된 과거가 아니라 지금 세상의 불화와 맞설 힘과 의지가 있느냐다. 이 시집의 서시로도 읽을 수 있는 '시인의 말'을 통해 시인은 이미 자신의 시집 해설을 다 해버렸다.

> 사랑의 순간은 짧고
> 기억은 영원하네
>
> 나를 사랑한 사람들이 있었기에
> 삶이 풍요로웠고
> 내가 사랑한 사람들이 있었기에
> 삶이 아름다웠네
>
> 발밑의 이름 모를 풀마저
> 존귀함을 알려주었고
> 둥지의 새는

공간이 얼마나 소중한지 보여주었네

먼지 속에도 우주가 있다는 것을
사랑을 하면서 배웠네

시인으로서 산다는 건 지상의 모든 인간과 사물의 성스러운 신비를 경험하면서 사는 것이다. 하이데거는 자신의 마음을 비우고 모든 사물이 스스로를 드러내게 하는 시적 태도가 필요하다고 했다. 권순자 시인은 이미 그러한 시적 태도를 통해 시인으로서의 삶을 살아온 것인지도 모르겠다.

다시 시의 난해성 문제로 돌아가서 이 글을 마무리해보자.

시는 원래 불친절한 장르다. 그것은 시의 언어가 흔히 비유나 상징으로 되어 있기 때문만은 아니다. 시는 여타의 산문처럼 전후 상황이나 맥락을 충분히 설명해주지 않는다. 그러므로 시와 시인에게서 친절한 설명이나 이해를 구하지 말자. 당연한 얘기일지 모르나 시를 통해 그 시인이 말하고자 한 의미나 내용을 알려고도 하지 말자. 시 스스로 자신의 의미를 드러낼 때까지 기다려보자. 그것이 시적 태도라지 않는가.

앞의 얘기와 다소 모순된 말일지 모르나 모든 시 읽기는 결국 시 다시 쓰기다. 시를 통해 내가 알게 되는 것은 결국 내 삶의 흔적일 뿐이다. 우연히 시인과 내 삶이 겹쳐질 수도 있으나 그것은 극히 운 좋은 일부일 수 있다.

시인동네 시인선 159

소년과 뱀과 소녀를

ⓒ 권순자

초판 1쇄 인쇄　2021년 9월 6일
초판 1쇄 발행　2021년 9월 13일
지은이　권순자
펴낸이　김석봉
디자인　헤이존
펴낸곳　문학의전당
출판등록　제448-251002012000043호
주소　충북 단양군 적성면 도곡파랑로 178
전화　043-421-1977
전자우편　sbpoem@naver.com

ISBN　979-11-5896-527-3　03810

*이 책의 판권은 지은이와 문학의전당에 있습니다.
*양측의 서면 동의 없는 무단 전재 및 복제를 금합니다.
*잘못 만들어진 책은 바꿔드립니다.